NEGÓCIOS
SEM ✈ FRONTEIRAS
LIÇÕES DE UM EMPREENDEDOR INTERNACIONAL

DR. MARCOS ZUMBA

NEGÓCIOS SEM FRONTEIRAS – LIÇÕES DE UM EMPREENDEDOR INTERNACIONAL

Coordenação editorial:
Gilson Mello

Projeto gráfico:
Flórida Business Academy

Foto capa:
Rodrigo Junqueira - @rodrigosmjunqueira

Correção, revisão e copidesque:
Flórida Business Academy

Direção Geral:
Gilson Mello

Todos os direitos reservados e protegidos pela Lei nº 9.610, de 19/02/1998.

É expressamente proibida a reprodução total ou parcial deste livro, por quaisquer meios (eletrônicos, mecânicos, fotográficos, gravação e outros), sem prévia autorização por escrito da editora.

Primeira edição 2024

Dados Internacionais de Catalogação na Publicação (CIP)
Zumba, Marcos
Negócios sem fronteiras – Lições de um empreendedor internacional
Marcos Zumba; Orlando-FL: Flórida Business Academy
Motivação, 2024.
152 p.
ISBN: 9798884158511
1. Negócios 2. Realização pessoal. 3. Sucesso

Sumário

Prefácio ──────────────────────── 05

Agradecimentos ─────────────────── 11

Introdução ───────────────────────15

Capítulo 1:
Desafios Iniciais: Iniciar um Negócio no Brasil ─────────── 35

Capítulo 2:
Oportunidades e Riscos ─────────────── 51

Capítulo 3:
Navegando em Dois Mundos Empresariais ─────────── 61

Capítulo 4:
Construindo uma Marca Global ───────────── 69

Capítulo 5:
Networking: O Poder das Parcerias ─────────── 81

Capítulo 6:
Desafios Financeiros:
Gerenciando Fluxo de Caixa Internacional ─────────── 91

Capítulo 7:
Liderança Multicultural:
Gestão de Equipes em Contextos Diversos ─────────── 101

Capítulo 8:
O Impacto Social de uma Empresa Internacional ─────── 113

Capítulo 9:

Conselhos para Empreendedores Aspirantes -------------- 127

Capítulo 10:

Fechando com Chave de Ouro ------------------------------- 139

PREFÁCIO

DR. MARCOS ZUMBA

É com grande alegria e honra que escrevo o prefácio deste livro do Dr. Marcos Zumba, um homem de negócios extraordinário, mas, acima de tudo, um homem de Deus. Sua jornada de sucesso não é resultado de mera sorte, mas sim da aplicação dos princípios divinos em sua vida e em seus empreendimentos.

Conheci o Dr. Marcos Zumba em meio às suas ações de generosidade e compaixão. Ele e sua esposa, Nathália Zumba, são padrinhos de 20 lindas crianças, garantindo-lhes o alimento diário e proporcionando-lhes um futuro mais digno. Além disso, quando requisitados, oferecem auxílio para outras necessidades essenciais. Esta foto que acompanha estas palavras representa apenas uma parte do impacto positivo que eles têm na vida de tantos.

20 crianças do Marcos e Nathália Zumba apadrinharam no Haiti

Aos que começam a ler este livro, seja você um empreendedor experiente ou alguém que está apenas iniciando sua jornada, convido-os a experimentar a gratificante sensação de doar para projetos como o Ministério Amor y Gracia. Pois, entre as características dos verdadeiros gigantes do sucesso, está a generosidade que transcende fronteiras e transforma vidas.

O Ministério Amor y Gracia, é um exemplo vivo do amor ao próximo e do cuidado pelas crianças mais vulneráveis. Com 23 anos de existência, o ministério cresceu para abrigar mais de 2000 crianças, oferecendo-lhes não apenas alimentação, água e vestimenta, mas também o alimento espiritual que é vital para suas vidas.

Minha jornada no Haiti é um testemunho vivo de fé, esperança e amor em ação. Enquanto muitas crianças sofrem com a falta de alimentação e medicamentos, nós estamos lá, enfrentando desafios diários e confiando na providência divina para suprir as necessidades mais básicas.

Ao finalizar este prefácio, desejo a todos uma boa leitura. Que as palavras do Dr. Marcos Zumba inspirem vocês a não apenas buscar o sucesso nos negócios, mas também a semear generosidade e compaixão onde quer que estejam. Pois, como diz o apóstolo Paulo, "Cada um contribua segundo propôs no seu coração, não com tristeza ou por necessidade; porque Deus ama ao que dá com alegria" (2 Coríntios 9:7).

Que este livro seja uma fonte de inspiração e que cada leitor possa encontrar em suas páginas não apenas conhecimento, mas também o chamado para uma vida de propósito e significado.

Boa leitura!

Missionário Victor Augusto
Fundador do Ministério Amor y Gracia

AGRADECIMENTOS

Gostaria de reservar este espaço para expressar meus sinceros agradecimentos. Primeiramente, agradeço ao Senhor Jesus, pois sem Ele, nada poderíamos realizar, como nos lembra João 15:5. Agradeço imensamente à minha família: minha querida namorada e esposa, Nathalia Zumba, que tem sido uma verdadeira leoa ao meu lado nesta jornada; meu primogênito Thiago Zumba, meu advogado Dr. Felipe Zumba; minha filha adorada, Tata Zumba, e a grande incentivadora de nossa mudança para os EUA a nossa missionária e Real Estate Agent Manu Zumba.

Não poderia deixar de mencionar meu amigo, irmão, parceiro e companheiro, Gilson Mello, sem o qual este livro não teria visto a luz do dia. Seu apoio e colaboração foram fundamentais para este projeto.

A todos vocês, minha gratidão eterna.

DR. MARCOS ZUMBA

INTRODUÇÃO

No silêncio da noite, diante das luzes brilhantes da cidade, as decisões que moldariam minha vida ecoavam. Apesar do sucesso consolidado em minha área no Brasil, o medo percorria minhas veias, como uma corrente sanguínea de incertezas. A mudança iminente para os Estados Unidos, uma nova cultura, a dúvida persistente: será que vai dar certo?

No auge de uma carreira sólida, a ideia de deixar para trás tudo o que havia construído gerava uma angústia palpável. Os laços familiares, a rede de amigos, a comodidade do conhecido... Tudo parecia seguro, mas ao mesmo tempo, um questionamento incessante ecoava em minha mente: vale a pena abandonar o que conheço em busca de algo novo?

Os medos eram muitos. Será que conseguirei transpor as barreiras de uma nova cultura empresarial? E meus familiares e amigos, como ficarão sem minha presença constante? A ansiedade me consumia, mas, ao mesmo tempo, algo maior impulsionava minha decisão.

Os "porquês" tornaram-se claros. A busca por segurança, o olhar para o futuro dos meus filhos, especialmente da Manu, então com 11 anos, pesaram de maneira significativa. A insegurança e a falta de liberdade que, por vezes, experimentávamos no Brasil eram fatores preponderantes. Já vivemos o suficiente, mas e nossos filhos? Como seria o mundo que eles herdarão?

Nos momentos decisivos, revelamos o líder que há dentro de nós. Seja nas decisões que moldam nossa carreira, nas escolhas para nossa família, ou na coragem de embarcar numa jornada além das fronteiras conhecidas. Liderar o próprio destino é um desafio, um desafio que transcende as fronteiras da zona de conforto.

A dúvida é inevitável quando se está diante de uma mudança tão grande. A racionalidade nos faz olhar para trás, para o que vivemos, mas é na fé que encontramos a coragem para dar um passo significativo.

Acreditar que é possível construir algo novo, que há um potencial a ser explorado e que cada desafio é uma oportunidade velada.

Assim, na encruzilhada entre o conhecido e o desconhecido, nos momentos de decisão, é que se revela a verdadeira essência do empreendedor. A próxima etapa é uma página em branco, pronta para ser preenchida com as experiências, desafios e conquistas de uma nova jornada. É hora de acreditar no inexplorado, porque, como descobri, a vida além das fronteiras é uma história que vale a pena viver.

Agora, é hora de trilhar o caminho além-mar, onde o medo é um combustível para a coragem, e a incerteza é o solo fértil onde se plantam os sonhos. Essa é a história de uma decisão que mudaria minha vida e me faria enxergar o mundo sob uma nova perspectiva. Antes de adentrarmos ao cerne do conhecimento acumulado ao longo de mais de três décadas dedicadas ao empreendedorismo, permita-me compartilhar um breve vislumbre da minha trajetória. Embora o intuito deste livro não seja ser uma biografia abrangente, acredito que uma síntese dos primórdios da minha jornada empreendedora será valiosa para contextualizar o aprendizado que aqui será compartilhado.

Nasci nas raízes da Nova Holanda, um complexo de 14 favelas no Rio de Janeiro, onde a vida se desenrolava entre desafios intransponíveis e sonhos ousados. As circunstâncias me levaram à Cidade Alta, rebatizada como complexo de Israel, um lugar marcado por uma realidade difícil. Meus pais, alagoano e paraibana, enfrentavam diariamente as adversidades da vida. Meu pai, um motorista de ônibus que batalhava arduamente para sustentar a família, e minha mãe, uma mulher semianalfabeta, dedicada aos filhos.

1 ano de idade na Comunidade Nova Holanda, Rio de Janeiro, RJ, Brasil.

A trajetória da minha família se desenrolou em Cordovil, um subúrbio carioca que testemunhou a luta de meus pais para proporcionar uma vida melhor aos filhos. Criado ao lado de dois irmãos e uma irmã mais velha, infelizmente, todos eles faleceram ao longo dos anos. A perda de minha irmã mais velha para o câncer aos 39 anos, a morte de meu irmão policial civil em uma operação na favela de Ramos aos 41 anos, e o falecimento de meu outro irmão por cirrose aos 51 anos marcaram minha trajetória com dores e desafios inimagináveis.

Aos 9 anos de idade, na Escola Municipal Raul Pederneira (Comunidade Cidade Alta, RJ).

Desde cedo, a necessidade me impulsionou para o mundo do trabalho. Aos 8 anos, eu já empreendia, vendendo refrescos e bolinhos de aipim de porta em porta. Ingressei no universo dos "flanelinhas", tomando conta de carros na Casa da Banha na Penha Circular. O empreendedorismo começava a moldar meu destino mesmo em tenra idade.

Minha jornada tomou um novo rumo aos 14 anos, quando iniciei como office boy na rede Toulon. Aprendi as nuances do mundo dos negócios, levando correspondências e mercadorias. O desejo de independência financeira começava a ganhar forma, e essa chama só cresceu. Aos 17 anos, uma oportunidade única surgiu: meu primo de consideração, Valdir Pedro, professor da academia de tênis Lob, nas Laranjeiras, me apresentou ao mundo do tênis. Ali, iniciei como boleiro, uma espécie de "gandula" do tênis. Naquela época, ser boleiro não significava apenas a tarefa de apanhar bolas e auxiliar os jogadores de tênis. Foi muito mais do que isso. Ao adentrar o universo das quadras, tive a oportunidade única de não apenas aprender a jogar tênis, mas também me tornar um batedor de tênis, compartilhando o mesmo espaço com empresários de grandes corporações e até banqueiros.

Essa experiência não foi apenas um capítulo na minha vida; foi uma janela aberta para um mundo que uma criança oriunda da favela dificilmente imaginaria. A quadra de tênis tornou-se meu playground de oportunidades, um terreno onde os sonhos ousados podiam florescer.

Aos 17 anos, na Lob Academia de Tênis, atuando como batedor, no Bairro Laranjeiras, Rio de Janeiro, RJ, Brasil.

Ao trocar raquetadas com esses empresários e banqueiros, pude absorver mais do que simples técnicas de tênis; absorvi lições de vida, estratégias de negócios e uma visão de mundo que ultrapassava as fronteiras da minha realidade cotidiana na favela. Essa interação com figuras do mundo dos negócios me desafiou a ampliar minha mentalidade empreendedora.

Foi uma chance de testemunhar em primeira mão como as mentes visionárias operavam, como tomavam decisões estratégicas e como transformavam desafios em oportunidades. Aquelas quadras não eram apenas de tênis; eram um campo de treinamento para o empreendedor que estava em processo de formação.

Essa fase foi vital para a construção da base do empreendedor que sou hoje. Abriu-me portas que, de outra forma, poderiam permanecer seladas para alguém com minha origem. Foi a faísca que acendeu o fogo do empreendedorismo, mostrando-me que mesmo as crianças da favela podem ter acesso a um mundo de possibilidades e moldar o próprio destino. Essa experiência contribuiu significativamente para forjar a mentalidade resiliente e determinada que impulsiona minhas iniciativas empreendedoras até hoje.

Aos 19 anos, uma nova etapa se delineou em minha trajetória, marcando o início de uma experiência profissional que moldaria significativamente meu percurso. Essa oportunidade surgiu de maneira única, uma indicação pessoal e calorosa do próprio dono do Banco Cédula, o Dr. Jacques Cláudio.

O Dr. Cláudio não era apenas uma figura distante do mundo corporativo; ele era alguém com quem eu compartilhava não apenas o terreno de jogo do tênis, mas também momentos de camaradagem e conversas nos bastidores. Foi em meio a essas interações mais informais, longe dos corredores bancários, que a oportunidade no Banco Cédula começou a se desenhar.

Imagine o cenário: a quadra de tênis, onde competíamos e compartilhávamos risadas, tornou-se o ponto de conexão para algo muito maior. O Dr. Cláudio, reconhecendo minha determinação e habilidades, não hesitou em abrir as portas do banco para mim. Essa não era apenas uma oferta de emprego; era um voto de confiança, uma oportunidade única que transcendeu as barreiras convencionais.

Entrar no Banco Cédula não foi apenas assumir um novo cargo na área de cobrança; foi uma imersão em um universo até então desconhecido, com desafios e aprendizados que marcariam minha evolução profissional. Essa experiência consolidou a ideia de que os relacionamentos pessoais podem se entrelaçar com o mundo dos negócios de maneiras inesperadas e transformadoras.

Ao olhar para trás, percebo que essa fase não apenas contribuiu para o desenvolvimento da minha carreira, mas também me proporcionou um grande aprendizado: a importância vital do networking e de estar nos ambientes certos. Essa lição se revelaria crucial mais adiante em minha jornada, como vou compartilhar detalhadamente ao longo deste livro, destacando como as conexões pessoais podem abrir portas e proporcionar oportunidades inimagináveis.

Mesmo com valiosos aprendizados no Banco Cédula, meu espírito empreendedor continuava ávido por desafios mais significativos e, ao mesmo tempo, insatisfeito com os ganhos. A oportunidade para uma virada em minha trajetória surgiu em 1991, marcando um capítulo crucial na minha busca por empreender. Foi nesse ano que conquistei minha formação no CRECI (Conselho Regional de Corretores de Imóveis) e decidi imergir de cabeça no promissor mercado imobiliário.

O título conquistado no CRECI não era apenas um certificado; era uma chave para um novo mundo de oportunidades. Com essa formação, abracei a expertise necessária para navegar no universo do mercado imobiliário. Foi nesse contexto que surgiu a oportunidade de fundar minha própria empresa, a Alpha Empreendimentos Imobiliários. O nome representava não apenas um negócio, mas uma visão empreendedora, a busca incessante por oportunidades que se alinhavam com meu espírito visionário.

Na Alpha, não estávamos apenas vendendo propriedades; estávamos moldando sonhos, transformando transações imobiliárias em experiências significativas para nossos clientes. O caminho do empreendedorismo sempre foi marcado por uma busca incessante por oportunidades e, naquele momento, eu estava justamente seguindo esse rumo.

A decisão de mergulhar no mercado imobiliário não foi apenas uma mudança de setor; era uma expressão do meu anseio por desafios e minha determinação em criar algo significativo. Era o início de uma jornada que, mesmo diante dos desafios inerentes ao setor, consolidaria meu entendimento de que o empreendedorismo é muito mais do que um conjunto de transações comerciais. É a busca constante por oportunidades, a coragem de inovar e a visão de construir algo que transcenda o ordinário.

Diante do cenário econômico adverso de 1994, marcado pela crise imobiliária, decidi enfrentar novos desafios, consolidando minha trajetória como um empreendedor ávido por oportunidades. Antevendo a chegada iminente do serviço de telefonia celular ao Rio de Janeiro, agi com ousadia ao adquirir linhas na Bahia, prevendo a crescente demanda na cidade.

No entanto, como parte da jornada empreendedora, as linhas da Bahia começaram a apresentar problemas. Diante dessa adversidade, em vez de recuar, redirecionei minha estratégia, optando por comprar linhas de Minas Gerais. Essa decisão não apenas resolveu os obstáculos encontrados, mas também solidificou minha posição como um dos maiores vendedores de linhas telefônicas do Rio de Janeiro.

A resiliência diante dos desafios não só me permitiu superar contratempos, mas também me levou a conquistar o credenciamento pela empresa Telefônica. Essa fase crucial não apenas marcou uma virada em minha carreira empreendedora, mas também destacou a importância de se adaptar e encontrar soluções inovadoras mesmo nas situações mais desafiadoras.

Assim, com visão estratégica, tornei-me um dos maiores empreendedores de linhas telefônicas no Rio de Janeiro. Com lojas, como a Cell World e Cell Time, liderei operações até 1999, antes da Telefônica redirecionar seu foco para o credenciamento de grandes estabelecimentos. Esse capítulo não apenas ilustra minha capacidade de identificar oportunidades em meio a adversidades, mas também destaca a importância da adaptabilidade em um cenário empresarial dinâmico.

Adaptar-se tornou-se imperativo, e, nesse contexto, ingressei no segmento de consertos de celulares, proporcionando cursos que atraíam alunos de todas as regiões do Brasil. Minha atuação não apenas abrangeu o Rio de Janeiro, mas estendeu-se nacionalmente, recebendo estudantes ávidos por conhecimento e prontos para absorver as nuances desse mercado em constante evolução. Essa fase não só solidificou minha presença no cenário empreendedor, mas também demonstrou a capacidade de ir além das fronteiras geográficas na disseminação de expertise. Essa fase se estendeu até 2001, proporcionando uma base sólida para os desafios futuros.

Te contei a minha trajetória até aqui, uma jornada intensa repleta de responsabilidades e desafios. E, acredite, a correria era constante. Em meio a esse turbilhão, nos anos de 1993, paralelamente a tudo que te contei, decidi encarar mais um desafio: prestei vestibular para o curso de Economia. Após passar no vestibular, entendi que, para quem desejava empreender e mergulhar em negócios, o curso de Direito se mostrava mais adequado. Essa busca por conhecimento e aprimoramento sempre estiveram presentes em minha jornada, mesmo em meio a tantas responsabilidades. Já casado e com dois filhos, o desejo de proporcionar um futuro melhor para minha família foi um dos motores que impulsionaram essa busca incessante por crescimento. Esse período, onde considerei outras possibilidades acadêmicas, foi uma demonstração do meu constante interesse em expandir horizontes e abraçar oportunidades de crescimento. Essa sede por aprendizado se estendeu até o momento em que, em 1998, aos 30 anos, celebrei a conquista do diploma em Direito, marco que representava não apenas o encerramento de uma etapa, mas sim o prelúdio de uma nova fase em minha vida.

Ao encerrar os anos 90 e adentrar a nova década, o cenário das lojas de telefonia apresentou desafios significativos que viriam a moldar meu caminho de maneira surpreendente. A transição para a área jurídica não foi apenas uma resposta às mudanças no mercado, mas um passo crucial na minha jornada empreendedora.

A atuação na defesa do consumidor e as experiências nos bastidores da mídia nacional abriram portas para um capítulo inédito em minha carreira (o que vou compartilhar posteriormente). A busca por conhecimento e o comprometimento com os valores da justiça e equidade sempre guiaram minha trajetória. Agora, ao olhar para trás, vejo que cada desafio enfrentado foi uma oportunidade de crescimento e aprendizado.

DR. MARCOS ZUMBA

Dr. Marcos Zumba em uma de suas inúmeras entrevistas em programas de TV.

Essa virada de página me conduz ao próximo capítulo, onde compartilharei os Desafios Iniciais: Iniciar um Negócio no Brasil. Ao abordar o período após os anos 2000, revelarei como a jornada empreendedora ganhou novas nuances em um ambiente desafiador e, ao mesmo tempo, repleto de possibilidades. Preparo-me para compartilhar lições valiosas, estratégias bem-sucedidas e os obstáculos superados, construindo uma narrativa que espero inspirar e conectar com empreendedores em busca de insights para suas próprias jornadas. A história está apenas começando, e convido você a explorar cada página ao meu lado, descobrindo os altos e baixos de uma trajetória dedicada ao empreendedorismo no Brasil e nos Estados Unidos.

Capítulo I:
Desafios Iniciais:
Iniciar um Negócio no Brasil

Ao cruzar a linha divisória dos anos 2000, minha trajetória na telefonia celular experimentou uma guinada significativa. O imperativo da adaptação, diante das transformações nas lojas de telefonia, conduziu-me a uma jornada no campo do Direito, especificamente na defesa do consumidor. Esse redirecionamento não apenas alargou minha visão profissional, mas também lançou as bases para os desafios e aprendizados que enfrentaria ao mergulhar no universo empreendedor brasileiro.

Minha incursão na defesa do consumidor iniciou-se com a atuação em uma associação dedicada a essa causa. Rapidamente, percebi que minha trajetória poderia abarcar duas vertentes essenciais. De um lado, a oportunidade de orientar empresários sobre a conformidade com as leis de direitos do consumidor, prevenindo problemas legais futuros. Do outro, a missão inspiradora de auxiliar pessoas comuns, cujos direitos muitas vezes eram negligenciados ou desrespeitados.

Dr. Marcos Zumba atuando na defesa dos consumidores.

O Equilíbrio entre Empreendedorismo e Missão Social:

Essa dualidade estratégica trouxe uma nova dinâmica ao meu caminho. Não era apenas uma transição de carreira; era uma metamorfose que permitia a exploração simultânea de territórios distintos. A percepção de que empreendedorismo e missão social poderiam coexistir e até se fortalecer mutuamente delineou meu propósito e moldou minhas próximas decisões no mundo do empreendedorismo no Brasil.

Essa fase introdutória foi fundamental para o amadurecimento da minha abordagem como empreendedor. A compreensão das nuances da defesa do consumidor não só me capacitou para a defesa dos direitos dos indivíduos, mas também me deu as ferramentas necessárias para a construção de pontes entre as exigências legais e as necessidades dos empresários. Esse equilíbrio delicado preparou o terreno para os desafios que viriam pela frente, marcando o início de uma nova etapa na minha jornada empreendedora.

Desbravando Novos Horizontes na Defesa do Consumidor

Ao ingressar na associação de defesa do consumidor, deparei-me com a oportunidade ímpar de abraçar grandes causas em prol dos direitos dos consumidores. Empresas de energia, água e esgoto, além de renomadas marcas, estavam, por vezes, negligenciando os direitos fundamentais daqueles que representavam a base de seus negócios. Essa imersão em batalhas relevantes não apenas contribuiu para a construção de um ambiente mais justo para os consumidores, mas também revelou uma faceta valiosa: o poder da exposição na mídia.

Matéria no Jornal O Globo com participação do Dr. Marcos Zumba.

O embate por causas significativas, recheadas de discussões e impacto social, não passou despercebido pelos veículos de comunicação. As redações de jornais e programas de TV encontraram nessas batalhas uma narrativa envolvente, gerando pautas robustas que alcançavam os lares de milhões de telespectadores e leitores ávidos por informações. Essa experiência me conduziu para um patamar inexplorado, onde minha presença na mídia se tornou não apenas uma ferramenta de conscientização, mas também um instrumento de influência e liderança.

Matéria no Jornal Expresso sobre o caso de pensão alimentícia do jogador Vagner Love, defendido pelo Dr. Marcos Zumba.

Se há algo que aprendi nessa jornada é que, independentemente do estágio do seu negócio, a visibilidade é essencial. No mundo atual, onde cliques e audiência são moedas valiosas, a necessidade de se fazer presente é mais crucial do que nunca. Enquanto, na minha época, eu recorria a grandes causas para ganhar espaço na mídia, hoje em dia, a dinâmica mudou.

Empreendedores têm a oportunidade de firmar parcerias com pequenos influencers locais, explorando canais mais direcionados e estratégicos para promover seus negócios.

Lembre-se: só é lembrado quem é visto. No universo empreendedor, a visibilidade é um ativo valioso, e a capacidade de aproveitar oportunidades para ganhar destaque pode ser a chave para o crescimento sustentável do seu negócio.

O Valor dos Encontros à Mesa

A jornada na mídia não foi apenas uma exposição, mas uma porta de entrada para um novo patamar que eu sequer imaginava alcançar. Entretanto, é vital compreender que, especialmente nos estágios iniciais de um negócio, a palavra "investimento" vai muito além da aquisição de maquinários ou estratégias de marketing. Em meu percurso, descobri que investir em conexões pessoais, muitas vezes seladas em encontros à mesa, foi uma estratégia crucial que moldou o meu sucesso empreendedor.

Acredite, em minha trajetória, investi em milhares de almoços de negócios. Sim, você leu corretamente, milhares de almoços. Esses encontros não aconteciam apenas em salas de reuniões formais dentro de empresas; eles eram realizados em renomados restaurantes, onde o ambiente descontraído proporcionava uma atmosfera propícia para o estabelecimento de laços significativos. Grandes negócios não se forjam apenas no ambiente corporativo, mas são muitas vezes selados em almoços que transcendem as formalidades.

A pergunta que deixo para você é: quantos almoços já pagou em busca de criar conexões? Pode parecer que a maioria desses encontros não resulta em algo concreto, mas, no final das contas, é preciso acertar apenas algumas vezes para conquistar as oportunidades certas. O segredo reside na habilidade de discernir as relações que podem impulsionar seu negócio e, mesmo diante de algumas tentativas frustradas, persistir na busca por aquelas que, no futuro, podem ser o diferencial para o seu sucesso. Afinal, nos negócios, o investimento em pessoas pode ser a tacada certa que levará seu empreendimento a voos mais altos.

Aprendizados Preciosos e Estratégias Fundamentais

A jornada empreendedora é intrinsecamente marcada por desafios e, ao olhar para trás, percebo como cada obstáculo foi fundamental na formação da minha mentalidade empreendedora. Cada revés, seja ele burocrático, tributário ou econômico, contribuiu para forjar uma resiliência necessária para enfrentar as complexidades do ambiente de negócios brasileiro.

Esses desafios não foram apenas obstáculos a serem superados; cada um deles carregava consigo lições valiosas. A habilidade de transformar as adversidades em aprendizados foi crucial. Aprendi que, no empreendedorismo, é essencial não apenas superar os obstáculos, mas absorver os ensinamentos que eles proporcionam.

Diante dos desafios, adotei estratégias práticas que se mostraram fundamentais. O planejamento minucioso, a flexibilidade para ajustar a rota conforme necessário e a visão a longo prazo foram pilares essenciais na minha jornada. A compreensão de que o sucesso empresarial é uma maratona, não uma corrida de curta distância, moldou minha abordagem estratégica.

Destaco também a importância das parcerias e do networking. Nenhum empreendedor é uma ilha, e a capacidade de cultivar relações sólidas foi um diferencial significativo. Cada conexão estabelecida foi uma oportunidade de aprendizado e crescimento.

Habilidade em Lidar com Pessoas

Ao longo de minha trajetória, deparei-me com indivíduos notavelmente mais inteligentes e cultos do que eu, mas que, por falta da habilidade em lidar com pessoas, viram suas portas se fecharem. A capacidade de gerenciar o ego, ser flexível e compreender que, em certas situações, é necessário "engolir sapos" é uma competência valiosa.

Tendo como referência o exemplo de Cristo, busquei não apenas conviver, mas também entender pessoas de todas as esferas sociais. Mantendo a essência e o propósito, independente do ambiente, tornei isso uma meta constante. Como está escrito em Provérbios

3:6, "Reconhece-o em todos os teus caminhos, e ele endireitará as tuas veredas". Mesmo reconhecendo minha imperfeição, esforço-me diariamente para aplicar, no meu cotidiano empreendedor, a habilidade de transitar por diferentes ambientes.

Empreendedor, compreenda que investir na habilidade de lidar com pessoas é tão crucial quanto qualquer estratégia de negócios. Essa competência, respaldada pelos ensinamentos bíblicos, pode ser o diferencial que abrirá portas e consolidará parcerias ao longo de sua jornada empreendedora.

Conclusão

Refletindo sobre os desafios enfrentados e as estratégias adotadas, percebo emergirem lições valiosas que transcendem os obstáculos do empreendedorismo brasileiro. A resiliência diante das adversidades do ambiente de negócios, a importância do planejamento estratégico e a habilidade em lidar com pessoas destacam-se como fundamentais para o sucesso.

Essa jornada, que teve início nos intrincados meandros do mercado brasileiro, ganhou novas dimensões com a projeção na mídia e os investimentos assertivos em relacionamentos. Além dos almoços de negócios que pavimentaram meu caminho, destaco a advocacia para figuras públicas, como Vagner Love e Douglas Luiz, jogadores que trilharam carreiras internacionais e vestiram a camisa da seleção brasileira.

Dr. Marcos Zumba com seu cliente e atleta internacional Vagner Love.

Dr. Marcos Zumba junto ao atleta da Seleção Brasileira, Douglas Luiz, para renovação de contrato.

Essas experiências não só reforçam a importância do networking e da exposição midiática, como também servem como precursoras da próxima etapa desta jornada empreendedora. Os casos de grandes empresários, dos atletas Vagner Love e Douglas Luiz exemplificam o poder dos ambientes certos, o impacto do marketing e da estratégia de comunicação, bem como a relevância da habilidade em lidar com pessoas.

No próximo capítulo, explorarei as nuances desse salto para os Estados Unidos, compartilhando desafios e conquistas em um novo contexto empresarial. Afinal, cada passo até aqui ensina valiosas lições para aqueles que buscam trilhar o caminho empreendedor.

Capítulo 2:
Oportunidades e Riscos

Ao voltar meu olhar para as páginas iniciais deste livro, revisito os medos e as incertezas que permeavam minha mente quando, em um salto ousado, decidi expandir meus horizontes para os Estados Unidos. Cada pensamento pairava sobre a incerteza do desconhecido, e o desafio à frente revelava-se como uma jornada ousada e desafiadora.

A decisão de levar meu empreendedorismo além das fronteiras nacionais não foi tomada levianamente. Era a busca por oportunidades, o desejo de explorar novos mercados e o anseio por superar limites que me impulsionaram a enfrentar essa empreitada. Os Estados Unidos, com sua promessa de possibilidades, tornaram-se o palco para meu próximo ato empreendedor.

Desafios Iniciais: Barreiras Linguísticas e Conexões Iniciais:

Ao desembarcar em solo americano, deparei-me com um desafio inicial que não podia ser ignorado: a barreira do idioma. O inglês, agora não apenas uma língua estrangeira, mas o veículo essencial para a comunicação e entendimento nos negócios. A adaptação a esse novo cenário não se resumia apenas a aprender palavras, mas a compreender nuances culturais e profissionais que moldam as relações empresariais nos EUA.

Construir conexões iniciais, algo que antes parecia tão natural em minha terra natal, transformou-se em uma tarefa árdua. A necessidade de forjar um novo network, praticamente do zero, trouxe consigo a conscientização de que cada aperto de mão, cada apresentação, era a construção de uma base sólida para minha presença nos negócios norte-americanos.

Refletindo sobre essa transição, percebi que não era apenas uma questão de aplicar conhecimentos adquiridos no Brasil. Era, na verdade, um mergulho em um oceano de possibilidades desconhecidas, onde minha experiência prévia era valiosa, mas a abertura para aprender e adaptar-se tornava-se a chave para prosperar nesse novo capítulo empreendedor. Esses desafios iniciais marcaram não apenas meu começo nos EUA, mas também forjaram a mentalidade resiliente necessária para enfrentar o que estava por vir.

Evento: Jornada Empreendedora em Orlando, Flórida.

Agora, os almoços seriam em dólares!

Ao decidir cruzar fronteiras e iniciar uma nova fase nos Estados Unidos, deixei para trás uma vida consolidada no Brasil. Minha residência aconchegante, uma pousada bem-sucedida no balneário de Búzios, onde construí não apenas um negócio, mas também muitas relações sólidas com clientes e parceiros, ficaram na memória como capítulos de uma história bem vivida. Entre os corredores da minha antiga casa e os ares refrescantes de Búzios, tomei a decisão de buscar horizontes ainda mais amplos. Era uma escolha que transcendia o conforto estabelecido, impulsionada não apenas por ambições pessoais, mas também por uma visão direcionada ao futuro da minha terceira filha, Emanuele, então com 11 anos.

A mudança para os EUA representava um novo começo, uma página em branco pronta para ser preenchida com experiências, desafios e, claro, muitos almoços, agora pagos em dólares! Brincava que, se antes eu construí meu network pagando almoços em reais, estava na hora de começar a construir em dólares. Essa jornada não era apenas sobre negócios; era sobre investir no futuro, proporcionar novas oportunidades para minha filha e, ao mesmo tempo, desafiar-me a alcançar novos patamares profissionais e pessoais.

Dificuldades, Oportunidades e Desafios

Meu primeiro empreendimento nos Estados Unidos foi na área automotiva, mais precisamente no setor de financiamentos conhecidos como Buy here Pay here. Fundei a Golden Invest, uma empresa de investimentos que permitia aos clientes investir em financiamentos nessa área específica. A proposta era simples: os clientes emprestavam dinheiro a uma taxa de 28% ao ano, conforme permitido pela legislação dos EUA, e minha empresa compartilhava uma parte dos lucros.

Ao entrar nesse novo mercado, deparei-me com dificuldades e aprendizados valiosos. A burocracia e os licenciamentos nos EUA são significativamente diferentes do Brasil, exigindo uma abordagem meticulosa e profissional. A importância de buscar profissionais sérios para lidar com essas questões tornou-se evidente, afinal, o "jeitinho brasileiro" não se aplicava nesse contexto. A experiência na Golden Invest não apenas revelou a promessa do mercado de financiamentos, mas também destacou a importância de estar atento às peculiaridades locais e buscar orientação especializada.

Mesmo diante do sucesso aparente desse empreendimento, meu foco sempre foi estar atento às oportunidades em evolução. Essa mentalidade aberta me impulsionou a explorar novos horizontes e investir em outra oportunidade que se apresentou, marcando o início de uma trajetória repleta de desafios, mas recheada de aprendizados valiosos.

Ponte para o Próximo Desafio - Grupo Zumba:

Ao fechar este capítulo, me vejo imerso em uma profunda reflexão sobre a incrível jornada de expansão para os Estados Unidos. As barreiras linguísticas e a necessidade de construir um novo network partir do zero foram verdadeiros desafios, mas cada obstáculo enfrentado proporcionou lições que moldaram minha abordagem empreendedora.

A Golden Invest, meu primeiro empreendimento nos EUA, foi uma experiência marcante. A oportunidade de atuar no mercado automotivo, especialmente nos financiamentos Buy here Pay here, revelou nuances valiosas do cenário norte-americano. A burocracia e os licenciamentos exigiram uma abordagem cuidadosa, reforçando a importância de buscar orientação profissional e compreender as nuances locais.

Comecei a investir em outro negócio, a administração de caminhões para a Amazon, no qual auxiliava investidores na aquisição dos veículos e na integração à plataforma da Amazon. Essa empreitada, embora repleta de desafios e complexidades, proporcionou uma experiência valiosa. No entanto, diante das diversas dores de cabeça enfrentadas, decidi redirecionar meu foco para o que mais dominava e amava: a internacionalização do Grupo Zumba. Essa mudança estratégica não só refletiu uma escolha consciente, mas também reafirmou meu compromisso com aquilo que verdadeiramente me impulsiona e inspira.

Os aprendizados compartilhados aqui são mais do que princípios de empreendedorismo; são experiências vividas, obstáculos superados e um testemunho da capacidade de adaptação necessária em território estrangeiro. No próximo capítulo, mergulharemos nos bastidores do Grupo Zumba, revelando os altos e baixos da gestão internacional e oferecendo insights para aqueles que, assim como eu, desejam trilhar esse caminho desafiador.

Capítulo 3:
Navegando em Dois Mundos Empresariais

Ao retomar a ousada decisão de expandir para os EUA, dei início às operações do Grupo Zumba em território norte-americano. Os primeiros passos nesse novo mercado foram repletos de desafios, mas cada obstáculo se revelou uma oportunidade de aprendizado. As estratégias adotadas nesse período inicial mostraram que o caminho do Grupo Zumba poderia ir além dos limites iniciais.

A experiência nos primeiros negócios nos EUA delineou um horizonte de possibilidades de serviços que o Grupo Zumba poderia oferecer a novos empresários que chegavam ao país. A credibilidade construída ao longo dos anos no Brasil provou ser uma vantagem crucial, abrindo portas e possibilitando uma entrada mais suave no mercado norte-americano.

Nesse contexto, começamos a direcionar nossos esforços para dar suporte à comunidade brasileira, oferecendo consultoria de negócios e auxiliando em todo o processo de internacionalização de empresas. Percebi que não só estávamos construindo um negócio bem-sucedido nos EUA, mas também desempenhando um papel importante no apoio aos empreendedores brasileiros que buscavam estabelecer-se e prosperar neste novo ambiente empresarial. Essa fase inicial solidificou a visão do Grupo Zumba como uma referência confiável e colaborativa para aqueles que visavam o sucesso nos Estados Unidos.

Desafios como Experiência para Soluções Futuras

Ao enfrentar diversos desafios nos primórdios do Grupo Zumba nos EUA, cada dificuldade se transformou em uma lição valiosa. Desde a busca por melhores contratos de aluguel até desafios na contratação de funcionários, estratégias tributárias e decepções com pessoas nem sempre confiáveis, essas experiências foram cruciais na construção do que o Grupo Zumba se tornou.

Essa jornada não apenas consolidou minha compreensão da cultura local enquanto servia à comunidade brasileira nos EUA, mas também me ensinou uma lição fundamental. Assim como o povo de Deus que, por muito tempo, viveu como estrangeiro em uma terra, confiando em Sua orientação, a nossa fé como empreendedores precisa estar sempre ativa. É essa fé que abre portas e nos guia mesmo em terras desconhecidas.

Nesse sentido, a adaptação à cultura local tornou-se mais do que uma mera necessidade; foi um investimento no entendimento profundo do ambiente em que estávamos inseridos. Compreender a cultura do país não apenas facilitou nossas operações, mas também contribuiu para a construção de relações sólidas com diversos públicos.

Assim, essas experiências revelaram-se pedras fundamentais na construção do Grupo Zumba, não apenas como um negócio de sucesso, mas como uma entidade que entende as nuances culturais e está pronta para superar os obstáculos que surgirem no caminho dos clientes, oferecendo soluções ajustadas às suas necessidades.

Preparação para Voos Mais Altos

Após inúmeras adaptações, superando desafios e evoluindo nossas operações nos Estados Unidos, chegou o momento de refletir sobre essa trajetória e preparar o terreno para voos mais altos, vislumbrando a construção de uma marca global. Consolidados e conectados, passamos a focar não apenas em nossos próprios empreendimentos, mas também em servir empresários e famílias no Brasil.

Ao longo das últimas décadas, estivemos dedicados a realizar sonhos, particularmente auxiliando famílias brasileiras a conquistarem o tão almejado Green Card, possibilitando-lhes uma mudança legal para os EUA. Essa missão, baseada na ideia de servir, reflete um comprometimento que vai além do empreendedorismo, alinhando-se a valores fundamentais que orientam nossas ações.

A inspiração bíblica para essa jornada encontra-se no princípio do serviço desinteressado. Um versículo que ecoa em nosso propósito é: "Sirvam uns aos outros com amor" (Gálatas 5:13). Essa filosofia de serviço permeia nossas práticas empresariais, destacando que, além de alcançar o sucesso, é essencial contribuir positivamente para a jornada dos outros.

Mark Zuckerberg uma vez disse: "O maior risco é não correr risco algum.", ressaltando a importância da ousadia na busca por empreendimentos significativos. John F. Kennedy complementa essa ideia ao afirmar: "Toda conquista começa com a decisão de tentar." Essas palavras ressoam em nossa trajetória, reforçando a noção de que a coragem de arriscar é intrínseca ao caminho do empreendedorismo.

Assim, munidos de uma base sólida edificada nos Estados Unidos, estamos prontos para alçar voos mais altos, transcendendo fronteiras e moldando o Grupo Zumba como uma marca global de destaque. Para aqueles que compartilham o sonho de empreender nos EUA, recordo que trilhei os caminhos mais desafiadores, pavimentando para meus clientes rotas mais suaves e confiáveis. Se o desejo é alcançar uma presença global, desvendaremos, no próximo capítulo, os passos que conduziram algumas empresas a esse patamar e as estratégias que podem inspirar novos empreendedores em sua própria jornada.

Capítulo 4:
Construindo uma Marca Global

No percurso do empreendedorismo, os sonhos muitas vezes se erguem tão altos que até mesmo o mais visionário dos líderes pode duvidar de sua própria visão. Ao pavimentar os passos em direção ao sucesso, é crucial mesclar audácia com ação, abraçando as oportunidades que se apresentam. Quando olho para trás, mal posso acreditar no que o Grupo Zumba se tornou. Os projetos grandiosos que minha equipe nos Estados Unidos realizou desafiaram minhas expectativas mais ousadas, mostrando-me que o verdadeiro potencial só é alcançado quando nos atrevemos a sonhar em grande escala.

Quando abordamos a ideia de uma marca global, é natural que venham à mente empresas gigantescas como Amazon e Nike, cuja presença se estende por todo o mundo. No entanto, é importante destacar que uma marca global não precisa necessariamente ter a escala dessas grandes corporações. Muitos empresários enfrentam o obstáculo mental de acreditar que seus negócios são pequenos demais para ingressar em outros países.

Um exemplo inspirador é o da Tyrrel Cosméticos, uma marca que teve sua origem modesta no bairro de Campo Grande, na zona oeste do Rio de Janeiro. Auxiliamos na internacionalização dessa marca nos Estados Unidos, e hoje ela já está presente em mais de 22 países, participando das maiores feiras de cosméticos do mundo. Seu criador, meu amigo Monteiro, é um homem visionário que buscou as melhores conexões e orientações para levar seu sonho ao mundo. Sinto-me honrado por ter contribuído com um capítulo da história da Tyrrel e de tantas outras empresas.

Maior feira de cosméticos do mundo na Itália com a empresa cliente Tyrrel.

Portanto, ao considerar a construção de uma marca global, é fundamental compreender que seu negócio, independentemente do tamanho, tem o potencial de operar em outros países. Essa é a jornada que empreendemos com o Grupo Zumba, e estamos em constante expansão, prontos para enfrentar os desafios e as oportunidades que o mundo dos negócios nos reserva.

Global Branding

O global branding é uma prática que envolve a gestão de uma marca em diversas regiões do mundo, visando fortalecer sua presença e reconhecimento nos mercados em que está presente. Essa estratégia, também conhecida como branding internacional, não opera por magia, mas sim por meio de um planejamento estratégico e execução eficaz.

Ao estabelecer sua empresa em países como os Estados Unidos, observa-se um fenômeno interessante: as vendas da marca no Brasil, por exemplo, tendem a crescer de forma significativa. Isso ocorre porque a marca alcança um novo patamar de prestígio, tornando-se uma referência para os consumidores.

Conceitos intangíveis como credibilidade e autoridade são adicionados à marca, reforçando sua imagem e influência.

Para as marcas que já consolidaram sua presença no mercado regional e buscam expandir seus horizontes, a internacionalização pode representar o próximo passo natural. Essa decisão traz consigo uma série de benefícios, incluindo a ampliação do alcance da marca, o aumento de seu valor percebido, a identificação de mercados não explorados, a otimização dos custos operacionais em escala e a superação da concorrência local.

Cases de Sucesso

Nosso portfólio inclui uma série de casos de sucesso na internacionalização de empresas em diversos setores. Desde companhias do ramo de petróleo e gás até clínicas de fisioterapia esportiva, temos ajudado marcas a alcançarem reconhecimento global. Um exemplo emblemático é a Tyrrel Cosméticos, cuja trajetória desde Campo Grande, no Rio de Janeiro, até a presença em 22 países é um testemunho do potencial de expansão de uma marca.

Além disso, orgulhamo-nos de nosso trabalho com o Clube de Regatas do Flamengo, um dos maiores clubes de futebol do Brasil. Sob nossa coordenação, o Flamengo se tornou o primeiro clube sul-americano a estabelecer uma loja oficial nos Estados Unidos. Nossa equipe liderou todo o processo de abertura da primeira loja internacional do Flamengo, localizada em Orlando, com planos ambiciosos de expansão para mais cinco lojas nos EUA. Além disso, o grupo está empenhado em lançar uma loja multimarcas de futebol na Champs-Élysées, a famosa avenida em Paris.

Contribuímos significativamente para a presença do Flamengo nos EUA, organizando jogos da equipe de basquete e a pré-temporada do time profissional em 2024. Essas iniciativas não apenas elevam a visibilidade da marca Flamengo, mas também refletem nosso compromisso em ajudar nossos clientes a expandirem sua presença internacional de forma consistente e bem-sucedida.

Inauguração da primeira loja internacional do Flamengo em Orlando, Flórida.

Desafios Primordiais na Construção de uma Marca Global

Expandir uma marca globalmente traz consigo uma miríade de vantagens, mas somente para aqueles capazes de transpor os desafios inerentes a esse processo. Não é uma jornada simples e nem todos os empreendedores estão preparados para enfrentá-la.

1 - Diversidade Cultural

O primeiro obstáculo que qualquer marca enfrenta ao tentar conquistar o mercado global são as nuances culturais locais. O que funcionou em seu mercado doméstico pode não ressoar da mesma forma em terras estrangeiras. Os hábitos, as expectativas, as demandas e até mesmo os problemas enfrentados pelos consumidores são distintos em cada região.

2 - Complexidades Legais

A complexidade da legislação local também se coloca como um dos maiores desafios em novos mercados. Cada país possui suas próprias regras e regulamentações, e é vital compreendê-las para operar legalmente em cada localidade. O que é permitido em um país pode ser proibido em outro.

3 - Integração de Equipes

A harmonização das equipes globais também é uma barreira significativa no branding global. Coordenar equipes dispersas geograficamente, cada uma com suas próprias práticas de trabalho e idiomas, pode ser um desafio formidável. A comunicação eficaz e a colaboração entre equipes tornam-se cruciais para o sucesso.

4 - Maior Exposição a Riscos

Por fim, uma das preocupações mais prementes para as empresas é o receio de assumir riscos. Expandir para outros países é uma empreitada ousada que implica em estratégias arrojadas e, por vezes, arriscadas. Contudo, o planejamento meticuloso do branding global pode mitigar esses riscos, fornecendo um roteiro claro para o sucesso em cada região almejada.

O Sucesso do Grupo Zumba

Nós, enquanto parceiros de negócios, dominamos cada aspecto desse desafio e fornecemos um processo de internacionalização eficaz, fundamentado em nossa própria jornada na construção de uma marca global. Estamos comprometidos em guiar nossos clientes por essa mesma trajetória de sucesso, pavimentando o caminho para que também construam suas marcas globais com confiança e determinação.

Com um compromisso firme, agora nos dedicamos a auxiliar clientes a estabelecerem suas empresas nos EUA, oferecendo suporte em todas as etapas da abertura de um negócio internacional. Isso inclui facilitar encontros com advogados americanos, contadores, distribuidores e outros profissionais conforme as necessidades específicas de cada tipo de negócio. Além disso, estamos testemunhando um movimento inverso, com empresas americanas demonstrando interesse no mercado brasileiro, e estamos desempenhando o papel de facilitadores nesse intercâmbio de negócios internacionais.

Um exemplo notável desse avanço é a GOLDEN CBD+ NANOTECH™, uma empresa que se destaca na produção de medicamentos e suplementos alimentares à base de Cannabis, tendo a nanotecnologia como um de seus principais diferenciais. Além disso, oferecemos serviços de assessoria e suporte à importação de medicamentos, produção de medicamentos e suplementos, bem como consultoria jurídica para pacientes, médicos e empresas. Levamos esta empresa para participar de reuniões importantes com autoridades de saúde no Brasil.

Atualmente, possuímos duas propriedades comerciais em Orlando: uma com 5 salas e outra com 11 salas, ambas integrantes da empresa Global Capital, pertencente ao Grupo Zumba. Essas propriedades representam não apenas um investimento, mas também um símbolo tangível do nosso compromisso com a expansão e consolidação dos negócios nos Estados Unidos. Estamos firmemente comprometidos em fortalecer nossa presença no mercado internacional, proporcionando oportunidades de crescimento tanto para nossos clientes quanto para nós mesmos. Este é apenas o começo de uma jornada que continua a se desdobrar com cada nova conquista e oportunidade que surge à nossa frente.

Visita à Presidência da República e apresentação da empresa Golden CBD às autoridades brasileiras.

Capítulo 5:
Networking:
O Poder das Parcerias

Desde os primeiros passos da minha jornada empreendedora, percebi que o verdadeiro poder para alcançar o sucesso residia nas parcerias bem-sucedidas. Recordo-me dos primeiros dias, quando me conectei com empresários durante partidas de tênis, compreendendo, desde então, que o networking era mais do que uma simples interação social - era uma ferramenta poderosa que poderia moldar o curso dos negócios. Enquanto o dinheiro certamente desempenha um papel crucial, abrindo portas e oportunidades, são as conexões autênticas e estratégicas com indivíduos influentes que verdadeiramente aceleram o caminho rumo ao sucesso empresarial. Ao longo deste capítulo, exploraremos o poder das parcerias, revelando como cultivar e nutrir relacionamentos pode ser o diferencial entre o sucesso e o fracasso nos negócios.

Construir conexões relevantes através do networking eficaz é essencial no mundo moderno dos negócios, onde a velocidade e a conectividade são fundamentais para o sucesso. Iniciar esse processo demanda passos cuidadosos: comecei com poucos contatos, entre pessoas próximas da minha área e zona de conforto, desenvolvendo meu próprio método de networking gradualmente. A construção de um network sólido demanda tempo e paciência, por isso evite cobranças excessivas.

3 Dicas para Melhorar seu Networking

Como empreendedor, aprendi ao longo do tempo que a <u>autenticidade</u> é a chave para estabelecer relacionamentos significativos. Ser transparente sobre quem você é, o que faz e o que pode oferecer fortalece os laços e torna o processo de networking mais genuíno e prazeroso. Mantenha a confiança em suas habilidades e reconheça o valor que pode agregar aos outros.

<u>Preparação</u> é fundamental antes de qualquer interação de networking. Analise quem estará presente, seus interesses e desafios, para conduzir conversas mais

relevantes e produtivas. Explore a possibilidade de ampliar sua rede por meio de indicações e conexões de conhecidos. Ao se preparar adequadamente, você estará mais confiante e pronto para aproveitar ao máximo cada oportunidade de networking.

<u>Crie seu próprio espaço no mundo do networking</u>, seja por meio de grupos temáticos, blogs, podcasts ou canais de vídeo. Isso permitirá que você controle a qualidade e a frequência das conexões geradas. Pratique regularmente suas habilidades de networking, participando de eventos sociais e grupos de discussão. Esteja aberto para aprender com seus erros e sucessos, e lembre-se sempre de que o networking é uma jornada de crescimento contínuo.

Minha experiência pessoal ao ingressar no grupo RECOMENDO USA, liderado por Alexandre Damiane, ilustra vividamente a importância de buscar comunidades de empresários e empreendedores para enriquecer minhas conexões e expandir meu network de maneira significativa. Lá, tive a oportunidade de conhecer diversos empresários da região e me conectar com pessoas que já estavam há mais tempo nos EUA. Essas conexões foram valiosas atalhos para evitar erros que outros empresários já tinham cometido. Ouvir as experiências de cada um, receber indicações e contribuir com minha expertise foram trocas essenciais para estabelecer meu negócio nos EUA.

Muitos brasileiros hesitam em se conectar com outros compatriotas, receosos de serem enganados. No entanto, é crucial estar em ambientes onde se possa se conectar com pessoas confiáveis. Embora não seja possível garantir a integridade de todos, deixar o medo de se conectar com alguém negativo pode se tornar um bloqueio prejudicial ao crescimento pessoal e empresarial. Não permita que esse receio impeça você de se conectar e colaborar com outros, pois essas parcerias podem ser fundamentais para o crescimento do seu negócio.

Nutrindo o Networking: Maximizando suas Conexões Profissionais

Ampliar suas conexões por meio do networking não apenas abre portas para novas oportunidades, mas também fortalece sua presença e reputação no mercado. Ao cultivar um networking sólido, você tem acesso a informações valiosas, colaborações potenciais e possibilidades de negócios que podem impulsionar o crescimento da sua empresa.

A essência do networking reside na construção de uma rede de relacionamentos mútuos e benéficos. Essa troca constante de informações e conhecimentos entre contatos do mesmo setor fortalece não apenas sua marca, mas também sua credibilidade dentro da indústria. É através dessas conexões que você pode obter referências, recomendações e até mesmo parcerias estratégicas que impulsionam o desenvolvimento do seu negócio.

Para obter sucesso no networking, é essencial compreender que se trata de um processo contínuo que demanda tempo e dedicação. Participar ativamente de eventos e grupos de networking é fundamental, mas igualmente importante é cultivar relacionamentos de forma genuína e recíproca. O verdadeiro networking vai além de uma simples troca de cartões; exige engajamento e interesse genuíno nas necessidades e aspirações dos seus contatos.

Portanto, encare o networking não apenas como uma atividade ocasional, mas como parte integrante da sua jornada empreendedora. Ao investir na construção e nutrição dessas conexões, você estará construindo alicerces sólidos para o crescimento e sucesso contínuo da sua empresa.

Apoiando a Comunidade Local: Construindo Relacionamentos Além do Networking

Hoje, além de participar ativamente de encontros de networking, nossa empresa se engaja em uma variedade de projetos comunitários locais. Através do patrocínio de eventos e feiras em diferentes segmentos, contribuímos para o fortalecimento da comunidade e para o crescimento dos empreendedores locais. Essa participação não apenas nos conecta com a comunidade, mas também nos permite contribuir de maneira significativa para o desenvolvimento econômico e social da região.

Ao apoiar eventos locais, nossa empresa desempenha um papel vital em "furar bolhas" e expandir nosso alcance para além dos círculos habituais. Muitas vezes, pessoas que não estavam familiarizadas com nossa marca ou serviços têm a oportunidade de nos conhecer e reconhecer nosso compromisso com a comunidade. Essa exposição aumenta nossa credibilidade e estabelece uma associação positiva entre nossa marca e os valores que apoiamos, promovendo o efeito poderoso da indicação por parte dos participantes e organizadores desses eventos.

Palestrando no encontro do Atitude Empreendedora.

Além disso, nosso envolvimento em eventos comunitários fortalece nossa imagem como uma empresa comprometida com o bem-estar da região. O apoio a eventos de igrejas locais e iniciativas comunitárias não apenas fortalece os laços dentro da comunidade, mas também cria uma base sólida de confiança e lealdade entre os moradores locais. Essas ações refletem nossa crença no poder da colaboração e solidariedade como pilares essenciais para o sucesso de todos.

Em resumo, ao apoiar a comunidade local, nossa empresa não apenas constrói relacionamentos além do networking, mas também reforça sua posição como um membro ativo e contribuinte para o crescimento e prosperidade de todos. Este compromisso contínuo com o bem-estar da comunidade reflete nossa missão de não apenas alcançar o sucesso empresarial, mas também de fazer a diferença positiva onde quer que estejamos.

Capítulo 6:
Desafios Financeiros: Gerenciando Fluxo de Caixa Internacional

Neste capítulo, adentramos um dos aspectos fundamentais de qualquer empreendimento: o gerenciamento do fluxo de caixa em um contexto internacional. Conforme minha jornada empreendedora se expandiu para além das fronteiras, deparei-me com uma série de desafios financeiros exclusivos, que exigiam uma abordagem estratégica e adaptável. Desde lidar com diferentes moedas e taxas de câmbio até compreender os regulamentos financeiros de diferentes países, os desafios financeiros tornaram-se uma parte intrínseca do meu cotidiano empresarial.

Gerenciar o fluxo de caixa internacionalmente requer uma compreensão profunda das nuances financeiras de cada país em que se opera. As flutuações cambiais, por exemplo, podem ter um impacto significativo nos resultados financeiros de uma empresa, exigindo estratégias de mitigação de riscos bem elaboradas. Além disso, questões como impostos sobre transações internacionais, custos de conversão de moeda e regulamentações bancárias variadas adicionam complexidade adicional ao processo.

No entanto, enfrentar esses desafios financeiros não é apenas uma questão de sobrevivência, mas também de oportunidade. Aprender a navegar pelas intricadas águas do gerenciamento financeiro internacional pode abrir portas para novas oportunidades de crescimento e expansão global. Ao adotar uma abordagem proativa e estratégica para o gerenciamento do fluxo de caixa, é possível não apenas mitigar os riscos financeiros, mas também aproveitar ao máximo as vantagens oferecidas pelo mercado internacional.

Neste capítulo, exploraremos os principais desafios financeiros enfrentados por empreendedores internacionais, destacando estratégias e melhores práticas para gerenciar efetivamente o fluxo de caixa em um cenário global em constante evolução. Através da análise de experiências pessoais e insights valiosos, buscamos oferecer uma visão abrangente e prática sobre como enfrentar e superar os desafios financeiros em um ambiente empresarial internacionalmente diversificado.

Previsão de fluxo de caixa no planejamento

Prever o fluxo de caixa é uma etapa crucial no planejamento financeiro de operações internacionais. Isso requer uma análise minuciosa de todas as transações financeiras, incluindo receitas e despesas, em todas as moedas envolvidas nas operações. Essa projeção é essencial para ajudar as empresas a se prepararem para possíveis flutuações cambiais e para tomar decisões mais embasadas sobre investimentos e gastos.

A previsão do fluxo de caixa não se limita apenas às transações do dia a dia, mas também inclui considerações sobre investimentos de longo prazo e necessidades futuras de caixa. Ao prever o fluxo de caixa, é crucial considerar os prazos de pagamento e recebimento de cada transação, garantindo uma compreensão precisa do ciclo financeiro da empresa em um contexto internacional.

Além disso, a projeção do fluxo de caixa desempenha um papel fundamental na identificação de potenciais desafios financeiros e na elaboração de estratégias de contingência. Ao antecipar os padrões de entrada e saída de dinheiro, as empresas podem se preparar para enfrentar períodos de volatilidade financeira e tomar medidas proativas para manter a estabilidade financeira.

Portanto, a previsão do fluxo de caixa não apenas fornece uma visão clara das finanças da empresa no presente, mas também ajuda a orientar as decisões futuras e a mitigar os riscos financeiros em um ambiente global em constante mudança. É uma ferramenta essencial para o sucesso financeiro de empresas operando em um mercado internacional.

Desafios financeiros e riscos cambiais

Gerenciar os desafios financeiros e os riscos cambiais é uma preocupação constante para empresas que atuam em mercados internacionais. A volatilidade das taxas de câmbio pode ter um impacto significativo nos lucros e na estabilidade financeira da empresa, tornando essencial a implementação de estratégias eficazes de gestão de riscos.

As flutuações cambiais podem criar desafios imprevistos, afetando diretamente o valor das receitas e das despesas em moeda estrangeira. Para lidar com essas incertezas, as empresas precisam adotar abordagens proativas, como o uso de instrumentos financeiros derivativos para proteger contra movimentos desfavoráveis nas taxas de câmbio.

Além dos desafios cambiais, as diferenças nos sistemas tributários e regulatórios entre os países podem adicionar complexidade à gestão financeira internacional. É fundamental que as empresas estejam bem informadas e tenham uma compreensão profunda das nuances fiscais e regulatórias de cada mercado em que operam.

Para enfrentar esses desafios, é crucial investir em tecnologia e em equipes especializadas em finanças internacionais. Softwares de gestão financeira avançados oferecem recursos para monitorar o fluxo de caixa em tempo real, analisar dados financeiros e automatizar processos contábeis, proporcionando uma visão abrangente e precisa da saúde financeira da empresa em nível global.

Além disso, a adoção de sistemas integrados de pagamentos facilita a realização de transferências internacionais de forma ágil e segura, minimizando os riscos associados a transações financeiras transfronteiriças.

Portanto, enfrentar os desafios financeiros e os riscos cambiais requer uma abordagem abrangente e estratégica, que combine expertise financeira, tecnologia avançada e uma compreensão profunda do ambiente de negócios internacional. Essa abordagem permite que as empresas enfrentem os desafios com confiança e se posicionem para o sucesso em um mercado global em constante evolução.

O Empreendedor como Solucionador de Problemas

Após absorver os pontos abordados neste capítulo, é natural sentir uma pontada de complexidade. Sim, lidar com questões financeiras, riscos cambiais e gestão de fluxo de caixa em âmbito internacional pode parecer um verdadeiro labirinto. No entanto, é importante compreender que, como empreendedor, meu papel principal é o de solucionador de problemas.

O crescimento do Grupo Zumba não se deu apenas pela visão de oportunidades, mas principalmente pela habilidade de encontrar soluções para os desafios enfrentados por empresários que almejam internacionalizar suas empresas. Construímos um portfólio robusto, composto por mais de 40 empresas parceiras, cada uma especializada em lidar com aspectos complexos desse processo.

Entretanto, há uma lição valiosa que aprendi ao longo da jornada empreendedora: é crucial reconhecer minhas próprias limitações e delegar responsabilidades. Focar no que domino no meu negócio e confiar em pessoas capacitadas para cuidar dos demais aspectos é uma estratégia indispensável para o sucesso.

Cada sucesso e cada obstáculo enfrentado moldaram minha trajetória e me transformaram no empreendedor que sou hoje. A experiência acumulada ao longo dos anos não é apenas um tesouro pessoal, mas também uma responsabilidade de compartilhar com o mundo. Este livro, fruto desse aprendizado contínuo, é minha forma de retribuir ao universo o que generosamente me foi concedido. É uma oportunidade de guiar outros empreendedores através das encruzilhadas do mundo dos negócios internacionais, iluminando o caminho com as lições aprendidas e os insights ganhos.

Capítulo 7:
Liderança Multicultural: Gestão de Equipes em Contextos Diversos

A liderança eficaz transcende fronteiras geográficas e culturais, especialmente em um mundo cada vez mais globalizado. Neste capítulo, exploraremos a importância da liderança multicultural e da gestão de equipes em contextos diversos. Ao longo da minha jornada como empreendedor internacional, aprendi que liderar equipes em diferentes países e culturas é um desafio enriquecedor e complexo.

Desde os primeiros passos do Grupo Zumba nos Estados Unidos até as parcerias estabelecidas ao redor do mundo, enfrentei os desafios e as oportunidades de liderar equipes com backgrounds culturais variados. Compreendi que a diversidade não é apenas uma questão de demografia, mas sim uma fonte valiosa de criatividade, inovação e resolução de problemas.

Neste capítulo, vamos explorar as nuances da liderança multicultural, desde a construção de equipes inclusivas até a adoção de práticas de comunicação eficazes em contextos globais. Descobri que a verdadeira liderança transcultural requer uma compreensão profunda das nuances culturais e uma abordagem flexível e adaptativa para inspirar e motivar equipes diversificadas.

Muitos clientes nossos enfrentaram o desafio de gerir equipes em dois ou mais países e é um desafio que você pode estar se perguntando como abordar. Vamos examinar estratégias para promover a colaboração, o respeito mútuo e a eficácia dentro de equipes multiculturais. Além disso, discutiremos como superar os desafios de comunicação, gerenciar conflitos culturais e cultivar um ambiente de trabalho inclusivo e produtivo em um cenário global. A liderança multicultural não apenas fortalece as equipes, mas também impulsiona o sucesso organizacional em um mundo cada vez mais interconectado.

Desenvolvendo Liderança em Contextos Culturais Diversificados

Liderar equipes multiculturais demanda uma abordagem estratégica e habilidades específicas para harmonizar as diferentes perspectivas e talentos em um ambiente colaborativo. Reconhecendo e valorizando a diversidade cultural, os líderes podem potencializar a criatividade, a inovação e a eficácia das equipes. A comunicação clara e o respeito mútuo são pilares fundamentais para superar desafios e alcançar o sucesso em ambientes multiculturais. Portanto, o desenvolvimento de habilidades de liderança multicultural é imprescindível para os líderes que almejam extrair o máximo potencial de suas equipes diversificadas.

Além disso, ter um negócio nos EUA não apenas oferece oportunidades de crescimento financeiro, mas também enriquece culturalmente. Os Estados Unidos são um melting pot[1] de culturas, recebendo imigrantes de todas as partes do mundo. Muitos dos nossos clientes que

---

[1] **Melting pot** - Tradução literal: "Caldeirão". Refere-se ao processo de mistura e assimilação de elementos demográficos diversos, comumente associado à sociedade dos Estados Unidos, onde pessoas de diferentes origens étnicas, culturais e sociais se integram em uma única comunidade, contribuindo para a diversidade e riqueza cultural do país.

abriram restaurantes, por exemplo, contam com colaboradores provenientes de mais de 14 países diferentes. Essa diversidade cultural não é apenas uma realidade, mas uma fonte de riqueza e aprendizado, destacando a importância de uma liderança sensível e adaptável para promover a inclusão e o respeito mútuo dentro das equipes multiculturais. Gostaria de ressaltar alguns pontos essenciais que serão fundamentais para auxiliá-lo nesse processo de liderança multicultural.

Cultivando Consciência Cultural

- Aprofunde-se na compreensão das diferentes culturas presentes na equipe, explorando seus valores, crenças e comportamentos distintos.

- Dedique-se à pesquisa e ao estudo das nuances culturais de cada membro, reconhecendo e respeitando suas perspectivas e experiências únicas.

- Esteja aberto a aprender com a diversidade, valorizando as contribuições individuais e promovendo um ambiente inclusivo de troca e aprendizado.

Fomentando Comunicação Aberta

- Estimule um ambiente de trabalho acolhedor e inclusivo, onde todos se sintam encorajados a compartilhar suas opiniões e ideias livremente.

- Adote práticas de comunicação transparentes e assertivas, evitando ambiguidades e mal-entendidos decorrentes de diferenças culturais.

- Promova uma cultura de participação ativa, incentivando o envolvimento de todos os membros da equipe na tomada de decisões e resolução de problemas.

Demonstrando Adaptabilidade na Liderança

- Esteja preparado para adaptar seu estilo de liderança às preferências e necessidades individuais de cada membro da equipe.

- Mantenha-se flexível em relação a horários, prazos e metodologias de trabalho, considerando as diversidades culturais e contextos pessoais de cada integrante.

- Aborde conflitos culturais com empatia e respeito, buscando soluções colaborativas que atendam às necessidades e expectativas de todos os envolvidos.

Investindo no Desenvolvimento da Equipe

- Promova iniciativas de treinamento e capacitação em diversidade e inclusão, incentivando a reflexão e a conscientização sobre questões culturais.

- Estimule a troca de experiências e conhecimentos entre os membros da equipe, fortalecendo os laços e promovendo a integração multicultural.

- Apoie o crescimento pessoal e profissional de cada colaborador, incentivando o desenvolvimento de suas habilidades individuais e o alcance de seu pleno potencial.

A Importância da Comunicação Eficaz na Gestão de Equipes Multiculturais

A comunicação eficaz desempenha um papel vital na gestão de equipes multiculturais. Entender as diferenças culturais e adaptar a forma de comunicação pode fortalecer os laços entre os membros da equipa e criar um ambiente de trabalho harmonioso. Nesta secção, vamos explorar como a comunicação eficaz pode ter um impacto positivo na gestão de equipes multiculturais.

Desenvolvendo Competências de Comunicação Intercultural:

- Adquirir competências de comunicação intercultural é crucial, compreendendo como as diferenças culturais influenciam a forma como as pessoas se comunicam.

- Estar atento às variações no estilo de comunicação, como a preferência por comunicação direta ou indireta, o uso de gestos e expressões faciais, e a importância da linguagem corporal.

- Desenvolver a capacidade de se adaptar e comunicar eficazmente, tendo em conta as nuances culturais da equipa.

Praticando a Escuta Ativa:

- Demonstrar interesse genuíno nas opiniões e perspectivas dos membros da equipa, ouvindo ativamente o que têm a dizer.

- Evitar interrupções e mostrar respeito, permitindo que cada pessoa se expresse completamente.

- Fazer perguntas claras e objetivas para obter esclarecimentos quando necessário.

Utilizando a Tecnologia de Forma Eficiente:

- Aproveitar as ferramentas tecnológicas disponíveis para facilitar a comunicação entre os membros da equipa, especialmente aqueles que estão geograficamente distantes.

- Garantir que todos tenham acesso às mesmas informações e plataformas de comunicação.

- Estar ciente das possíveis barreiras tecnológicas e resolver rapidamente quaisquer problemas que surjam.

Construindo Confiança Através da Comunicação:

- Comunicar-se de forma consistente e transparente, mantendo a equipa atualizada sobre metas, objetivos e decisões da empresa.

- Promover a abertura e a confidencialidade nas comunicações, assegurando que as informações compartilhadas sejam tratadas com segurança e respeito.

- Estar aberto a receber feedback dos membros da equipa, demonstrando que suas opiniões são valorizadas e consideradas.

Em conclusão, para liderar com sucesso equipes multiculturais, é essencial desenvolver competências de liderança adaptáveis e praticar uma comunicação eficaz. A consciencialização cultural, a promoção da comunicação aberta, a adaptação às diferenças culturais e o investimento na formação da equipa são estratégias fundamentais para a gestão de equipes multiculturais. Além disso, a capacidade de comunicar de forma intercultural, praticar a escuta ativa, utilizar a tecnologia de maneira eficaz e construir confiança através da comunicação são características importantes para alcançar o sucesso nesse contexto. Compreender e valorizar as diferenças culturais é fundamental para a gestão de equipes multiculturais e resultará em um ambiente de trabalho mais produtivo e harmonioso.

Capítulo 8:
O Impacto Social de uma Empresa Internacional

O impacto social de uma empresa internacional transcende fronteiras geográficas e culturais, refletindo não apenas seu compromisso com o sucesso comercial, mas também com o bem-estar das comunidades em que opera. Este capítulo abordará a importância e as diversas formas de contribuição das empresas internacionais para o desenvolvimento e o progresso das comunidades locais.

Ao longo da minha trajetória como empreendedor, pude testemunhar em primeira mão como as empresas internacionais têm o poder de gerar mudanças significativas em diferentes partes do mundo. A expansão global de um negócio não apenas oferece oportunidades econômicas, mas também traz consigo a responsabilidade de impactar positivamente as vidas das pessoas ao redor.

Neste capítulo, vamos adentrar nos trabalhos filantrópicos nos quais nosso grupo se engajou e continua engajado. É fundamental que você, leitor, compreenda que o sucesso da sua empresa em âmbito internacional não se resume apenas a números e lucros, mas também se traduz em oportunidades para retribuir ao mundo por meio de ações que têm um impacto genuíno. O cerne dessas ações está em ajudar o próximo, contribuindo para o bem-estar e o desenvolvimento das comunidades locais e além. Em cada iniciativa, encontramos a oportunidade de fazer a diferença, de estender a mão àqueles que mais precisam e de construir um futuro mais promissor para as gerações vindouras.

Projeto HAJA – www.haja.org.br:

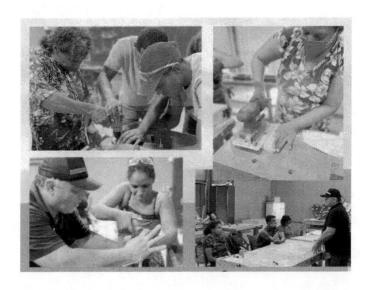

A HAJA é mais do que uma organização; é um farol de esperança na comunidade de Quatro Rodas, em Jardim Gramacho, Duque de Caxias, Rio de Janeiro. Fundamentada em quatro pilares - cidadania, economia, educação e saúde - a HAJA se dedica incansavelmente a assegurar que crianças e adolescentes em situação de extrema vulnerabilidade tenham acesso aos seus direitos fundamentais. Sua missão é nada menos do que promover o desenvolvimento holístico da juventude e fortalecer a comunidade, com a visão de criar um mundo mais justo para todas as crianças. Os valores de justiça, comprometimento, confiabilidade, relevância e inovação orientam suas ações diárias, refletindo um compromisso profundo com a causa.

Minha participação ativa no trabalho filantrópico da HAJA tem sido uma fonte de inspiração e gratidão. Cada vez que retorno ao Brasil, é uma oportunidade de retribuir e contribuir para um propósito maior. Além do apoio financeiro, busco estar presente pessoalmente, engajando-me em uma série de atividades que vão desde servir refeições até auxiliar na construção e oferecer orientação jurídica. Meu compromisso vai além das palavras; é uma dedicação prática que reflete os valores da HAJA e que visa efetivar mudanças tangíveis na vida daqueles que mais necessitam. Juntos, compartilhamos a visão de um futuro mais justo e inclusivo, onde cada criança tem a oportunidade de prosperar e alcançar seu pleno potencial.

Projeto Ministério Amor y Gracia – Haiti – www.amorygracia.org:

Quando olho para o trabalho transformador do Ministério Internacional Amor y Gracia no Haiti, vejo um exemplo vivo de esperança e compaixão em meio às adversidades. Desde o seu início em 2000, em Juana Méndez, no norte do Haiti, testemunhei o impacto direto desse ministério nas vidas de milhares de crianças carentes. Nossa base missionária, abrangendo 2.000 metros quadrados, é mais do que um local físico; é um centro de esperança, onde o pão é compartilhado e a educação é oferecida. Com 13 casas alugadas transformadas em escolas, estamos proporcionando cuidado e instrução para 1.967 crianças na comunidade. E nosso objetivo audacioso é expandir esse apoio para alcançar e transformar as vidas de 5.000 crianças necessitadas.

No centro desse esforço humanitário está meu compromisso pessoal com o bem-estar dessas crianças. Mensalmente, ofereço apoio financeiro para 20 crianças, mas minha contribuição vai além dos números. Estou envolvido em várias frentes dentro da organização, assegurando que cada criança receba não apenas comida e educação, mas também amor e esperança. A cada interação com essas crianças, testemunho o poder da compaixão e da generosidade para transformar vidas. Meu objetivo é ser uma luz de esperança em meio às dificuldades que muitas dessas crianças enfrentam diariamente, e é uma honra fazer parte desse trabalho inspirador de mudança e renovação.

Projeto JOCUM – Índia

Adentrar no Ministério de Justiça e Transformação, uma faceta vital dos Ministérios de Misericórdia da Jovens Com Uma Missão (JOCUM), é mergulhar em um compromisso profundo com a compaixão e a transformação. Aqui, as ações refletem o modelo de amor e cuidado demonstrado por Jesus Cristo aos perdidos, pobres e vulneráveis, desdobrando-se em projetos de desenvolvimento e socorro em escala global, muitas vezes enfrentando desafios monumentais.

Nossos ministérios e projetos abraçam uma diversidade de áreas, desde a agricultura até o combate ao tráfico humano, protegendo os vulneráveis em situações de risco, oferecendo cuidados de saúde, impulsionando o empreendedorismo, apoiando refugiados e resgatando e reabilitando marginalizados e dependentes químicos. Cada iniciativa é guiada por valores fundamentais que refletem o amor a Deus na prática, afirmam a dignidade de todas as pessoas e promovem esperança e empoderamento.

No coração desse movimento de compaixão está o compromisso inabalável de indivíduos como eu,

Marcos Zumba de Franca e minha filha Emanuele Zumba (Missionária). Nosso envolvimento como mantenedor desse crucial projeto na Índia é uma jornada de dedicação às crianças e missionários que enfrentam as marés do abandono e do tráfico humano. Minha contribuição financeira e comprometimento refletem a transformação tangível que a compaixão e o amor podem trazer, integrando-me à missão global de aliviar o sofrimento e infundir esperança naqueles que mais necessitam.

Tivemos a honra de visitar a Índia através da minha filha Emanuele no primeiro semestre de 2023, e foi uma experiência incrível.

Emanuele Zumba em viagem missionária para Índia

IGREJA BATISTA ATITUDE –
https://igrejabatistaatitude.com.br

A Igreja Batista Atitude, com sua presença marcante tanto em Orlando quanto no Brasil, é um farol de inspiração e liderança sob a direção do Pastor Presidente Josué Valandro Jr. Essa comunidade singular se destaca pela visão celular e pela capacidade de transformar lares em extensões vibrantes da igreja, priorizando o discipulado individual e impactando vidas por meio de mais de mil células espalhadas pelo país. Com nove valores fundamentais, incluindo compaixão pelos necessitados e a busca pela excelência, a igreja almeja tornar-se uma referência na disseminação dos princípios do reino de Deus em todo o mundo. Sua história de mais de duas décadas é uma narrativa de dedicação à missão de fazer discípulos de Jesus e glorificar a Deus em todos os aspectos da vida. Sob a orientação do Pastor Josué Valandro Jr., a igreja abrange mais de 35 mil pessoas em mais de 58 localidades, demonstrando fé, obediência e integridade em suas ações.

Minha relação com a Igreja Batista Atitude transcende a mera participação; é um compromisso pessoal com a ação social, tanto em Orlando quanto no Brasil. Como mantenedor generoso, apoio com recursos as iniciativas da igreja, mas minha contribuição vai além do financeiro. Sou um voluntário incansável, dedicando meu tempo e energia para fazer a diferença na sociedade. Essa imersão na transformação social é impulsionada pelos valores que compartilho com a igreja e pelo desejo ardente de impactar positivamente as comunidades vulneráveis. Meu objetivo é ser um agente de mudança, refletindo os princípios fundamentais da igreja em ações práticas. Na Igreja Batista Atitude, encontro não apenas uma comunidade de fé, mas uma plataforma para fazer o bem e promover a transformação social que tanto buscamos.

Time de ação social da Igreja Batista Atitude.

Quero ser uma inspiração para você

Neste capítulo, compartilhei com você alguns dos projetos sociais que tenho a honra de apoiar e fazer parte. Cada iniciativa reflete não apenas a necessidade urgente de ajudar os mais necessitados, mas também o profundo impacto que podemos causar quando nos comprometemos com a transformação social. Ao conhecer esses projetos, espero que você se sinta inspirado a estabelecer metas em seu próprio negócio que promovam ações sociais e filantrópicas.

Independentemente de suas crenças ou fé, acredito firmemente que há algo extraordinário em dedicar uma parte dos nossos ganhos para ajudar e servir aos outros. Como empresários, muitas vezes enfrentamos restrições de tempo que nos impedem de estar pessoalmente envolvidos em projetos sociais. No entanto, isso não nos impede de fazer a diferença. Se não pudermos contribuir pessoalmente, nosso apoio financeiro pode fazer uma enorme diferença.

Ao doar para causas que acreditamos, não apenas oferecemos assistência prática, mas também compartilhamos esperança e oportunidades com aqueles que mais necessitam. Cada contribuição, por menor que seja, pode ter um impacto significativo na vida de alguém. Portanto, encorajo você a considerar como seu negócio pode ser um agente de mudança positiva em sua comunidade e no mundo.

Lembre-se sempre: a verdadeira grandeza de uma empresa não é medida apenas por seu sucesso financeiro, mas também pelo bem que ela faz aos outros e pelo legado que deixa para trás. Que possamos continuar a buscar maneiras de tornar o mundo um lugar melhor, um ato de cada vez.

Capítulo 9:
Conselhos para Empreendedores Aspirantes

No mundo do empreendedorismo, o caminho para o sucesso muitas vezes se revela como uma jornada de descobertas, desafios e conquistas. Para os empreendedores aspirantes, os primeiros passos nessa trajetória podem parecer intimidantes, mas também são repletos de oportunidades empolgantes. Neste capítulo, vamos explorar conselhos e orientações fundamentais para aqueles que estão no início de sua jornada empreendedora. É importante lembrar que, assim como eu, que saí da Comunidade da Nova Holanda e Cidade Alta no Rio de Janeiro para buscar conquistas além-fronteiras, os sonhos e as aspirações não têm limites quando alimentados com determinação e visão. Vamos embarcar juntos nesta jornada de crescimento, aprendizado e realização.

7 Passos para Abrir o Seu Negócio

Vamos explorar não apenas os sete passos fundamentais para abrir o seu próprio negócio, mas também como incorporar sua história, sua visão e sua determinação em cada etapa desse processo inspirador.

1 Descubra o Seu Ramo de Atuação:

O primeiro passo é identificar em qual ramo deseja empreender. Explore suas paixões, habilidades e interesses. Pergunte a si mesmo: o que me motiva? Qual problema posso resolver? Ao compreender suas motivações e aspirações, você estará mais próximo de encontrar o setor em que deseja atuar. Lembre-se, o empreendedorismo é uma jornada de autodescoberta e realização pessoal.

Se você já tentou empreender e não obteve sucesso, encare isso com uma nova perspectiva. Reflita sobre a minha própria jornada: se eu tivesse tido "sucesso" como flanelinha, estaria nessa mesma posição até hoje (risos). O que quero dizer é que encarar contratempos com uma visão positiva é compreender que não existem fracassos definitivos; ou você alcança o sucesso, ou aprende valiosas lições que o ajudarão a fazer melhor da próxima vez. Cada tentativa, por mais desafiadora que pareça, é uma oportunidade de crescimento e aprimoramento.

2 Entenda a Realidade do Seu Mercado:

Antes de se lançar de cabeça em seu novo empreendimento, é fundamental compreender a realidade do mercado no qual pretende atuar. Explore a concorrência, analise as tendências do setor e identifique as necessidades dos consumidores. Utilize recursos disponíveis, como sites especializados e organizações empresariais, para obter insights valiosos e compreender a dinâmica do seu mercado local. Essa compreensão é o alicerce fundamental para construir um negócio sólido e sustentável.

É claro que, como empreendedor iniciante, não deixe que essas questões mais técnicas o impeçam de agir. Como Donald Trump mencionou em um de seus livros, todo empreendedor começa "de qualquer jeito". À medida que o negócio toma forma, é possível fazer ajustes ao longo do caminho. O conceito de começar "de qualquer jeito" refere-se a não permitir que questões complexas, como impostos e outras considerações técnicas, sejam obstáculos para dar o primeiro passo rumo ao seu objetivo empreendedor.

3 Desperte o Empreendedor que Há em Você:

Não há uma fórmula mágica para se tornar um empreendedor bem-sucedido, mas é essencial cultivar atributos como resiliência, criatividade e determinação. Na vastidão da internet, existem inúmeros recursos e ferramentas disponíveis para desenvolver suas habilidades empreendedoras, guiando-o em sua jornada rumo ao sucesso empresarial. É importante lembrar que o empreendedorismo é uma jornada de autodesenvolvimento e superação de desafios.

Além disso, é fundamental reconhecer que empreender é mais do que apenas possuir um negócio; é um estilo de vida. Eu valorizo muito as conversas com outros empreendedores e minha participação em eventos relacionados. Essa interação sempre fez parte da minha vida. É preciso compreender que empreender envolve abraçar os altos e baixos, trabalhar sob pressão e enfrentar desafios constantes. Embora as recompensas sejam valiosas, é crucial entender que o glamour de ser "dono" de algo muitas vezes é uma ilusão. Por trás de todo negócio, há uma enorme pressão diária. Como costumo dizer, empreender é para os fortes! Se você não se identifica com esse estilo de vida, pense duas vezes antes de embarcar nessa jornada desafiadora.

4 Mantenha-se Informado e Atualizado:

Manter-se constantemente atualizado sobre o seu ramo de atuação é crucial para o sucesso do seu negócio. É fundamental estar por dentro das tendências do mercado, das estratégias de marketing, das finanças e da localização do seu empreendimento. O conhecimento é a força propulsora que impulsiona o crescimento e a inovação no seu negócio.

Além disso, gostaria de compartilhar duas estratégias que utilizo para me manter atualizado. Em primeiro lugar, sigo grandes autoridades do mercado, não digo concorrentes, mas indivíduos que alcançaram resultados significativos e compartilham conteúdo diariamente.

Essas pessoas nos ajudam a manter-nos atualizados e informados sobre as últimas novidades.

Outra estratégia que emprego é contar com a rede de amigos. Tenho amigos de diferentes perfis e muitos deles são extremamente inteligentes e estão sempre atentos ao que está acontecendo. Costumo chamá-los de "meus atalhos", pois em um simples almoço, eles compartilham insights e informações que posso aplicar diretamente nos meus negócios. É uma troca mútua, onde também contribuo com meu conhecimento. Recomendo que você explore essas duas estratégias para se manter sempre atualizado e pronto para enfrentar os desafios do mercado.

5 Organize suas Ideias e Planos:

Ter ideias é apenas o primeiro passo; organizá-las e transformá-las em planos concretos é o que impulsiona o seu negócio adiante. Utilize ferramentas como planos de negócios para estabelecer metas, estratégias e direcionar o crescimento do seu empreendimento. Lembre-se, a organização é a chave para transformar sonhos em realidade.

Além disso, é importante ressaltar que existem diversas maneiras de estruturar suas ideias e transformá-las em ações palpáveis. Pode ser por meio de uma simples folha de papel, onde você esboça suas ideias e define os passos a seguir, ou até mesmo utilizando ferramentas de coaching. Participei tanto como aluno quanto como instrutor de treinamentos de coaching, ministrando aulas e palestras no Rio de Janeiro e em Orlando, Flórida. Aqui em Orlando, onde atualmente resido, juntamente com meu parceiro de negócios Gilson Mello, conduzimos várias turmas para empresários. Nosso objetivo é não apenas ensinar sobre negócios, mas também proporcionar insights valiosos sobre grandes empresas dos EUA, como a Disney. Temos a oportunidade única de explorar os bastidores da Disney e extrair lições importantes dessa empresa de renome mundial.

Primeira turma de treinamento de empresários na Disney.

Na internet, você encontrará diversas ferramentas que podem ajudá-lo a desenvolver o seu plano de ação. Desde a fase inicial de colocar suas ideias no papel até o momento de transformá-las em realidade, essas ferramentas podem ser aliadas poderosas no caminho rumo ao sucesso empresarial.

6 Defina os Rumos da sua Empresa:

Um negócio sem objetivos claros é como um navio sem rumo. Defina metas tangíveis, seja focado e acredite no seu negócio, entenda que dificilmente vai dar certo de primeira, você precisa ser constante e focado em cumprir as metas, e desenvolva um plano de negócios que trace o caminho para alcançá-las. Ter objetivos claros é o primeiro passo para alcançar o sucesso empresarial.

Divida suas metas em etapas com data marcada; não existe meta sem data para ser executada e finalizada. Escreva cada etapa e identifique quem pode te ajudar ou o que você precisa para executá-las. Essa abordagem meticulosa vai te ajudar a manter o foco e a evitar sabotagens internas que podem comprometer o progresso do seu negócio.

7 Da Teoria à Prática:

Após cuidadoso planejamento e preparação do terreno, chegou o momento de dar vida ao seu negócio. Organize toda a documentação necessária e dê início ao processo de formalização da sua empresa. No Brasil, você pode começar até mesmo com o MEI e, à medida que cresce, contar com o auxílio de um contador para orientá-lo na transição para um CNPJ mais adequado. Nos EUA, o processo é mais simples e menos burocrático, mas a orientação de um contador ainda é fundamental. Lembre-se, a jornada empreendedora é uma combinação única de teoria e prática, onde cada passo representa uma oportunidade para aprender, evoluir e prosperar.

Que esses sete passos inspirem você a seguir pelo caminho do empreendedorismo com coragem, determinação e paixão. Assim como eu, que transformei meus sonhos em realidade, você também pode alcançar o sucesso e deixar uma marca positiva no mundo dos negócios. Acredite em si mesmo, mantenha-se comprometido com sua visão e jamais deixe de perseguir seus objetivos com diligência e perseverança. O futuro está em suas mãos, e o mundo aguarda ansiosamente para testemunhar suas realizações.

Capítulo 10:
Fechando com Chave de Ouro

Se você chegou até este último capítulo, quero expressar minha gratidão por acompanhar minha jornada empreendedora. Ao longo deste livro, compartilhei estratégias, experiências e reflexões que moldaram minha trajetória nos negócios. No entanto, há um aspecto fundamental que não posso deixar de abordar: minha fé em Cristo Jesus.

Desde o início da minha jornada como empreendedor, a fé tem sido a bússola que guia meus passos e a força que impulsiona minhas decisões. Em cada desafio, em cada conquista, encontrei na minha crença em Deus a inspiração e a coragem para seguir em frente.

Permita-me compartilhar um versículo que tem sido uma fonte constante de conforto e orientação para mim: "Tudo posso naquele que me fortalece" (Filipenses 4:13).

Essa simples frase encapsula a essência da minha fé e a convicção de que, com Deus ao meu lado, não há obstáculo que não possa superar.

Entendo e respeito a diversidade de crenças entre os meus leitores. Cada um de nós tem sua própria jornada espiritual, suas próprias convicções e sua própria compreensão do divino. No entanto, seria injusto da minha parte não compartilhar o papel central que a fé desempenhou em minha jornada empreendedora.

Neste capítulo final, convido você a mergulhar comigo na reflexão sobre como a fé pode ser um elemento transformador em nossas vidas e negócios. Independentemente de sua fé pessoal, espero que encontre inspiração e insights valiosos que possam iluminar seu próprio caminho empreendedor.

Que possamos seguir adiante com coragem, determinação e, acima de tudo, fé no poder que nos sustenta em todas as circunstâncias.

A importância da fé

Desde os primeiros passos da minha jornada empreendedora, a fé tem sido o alicerce sólido sobre o qual construí meus negócios e minha vida. Para mim, a fé não é apenas uma crença abstrata; é uma força viva e atuante que permeia cada aspecto do meu ser e influencia todas as minhas decisões.

Ao enfrentar os desafios que surgiram ao longo do caminho, encontrei na minha fé uma fonte inesgotável de força e esperança. Lembrei-me das palavras reconfortantes do Salmo 23:4: "Ainda que eu ande pelo vale da sombra da morte, não temerei mal algum, porque tu estás comigo." Essa promessa de que Deus está ao meu lado em todas as circunstâncias me deu coragem para seguir em frente, mesmo nos momentos mais difíceis.

Quando me deparei com obstáculos aparentemente insuperáveis, lembrei-me das palavras de Jesus em Mateus 19:26: "Para os homens é impossível, mas para Deus todas as coisas são possíveis." Essa verdade simples, mas profunda, foi um lembrete constante de que, com Deus, não há limites para o que podemos alcançar.

Minha fé não apenas me sustentou nos momentos de adversidade, mas também guiou minhas escolhas e ações como empreendedor. Os valores e princípios que aprendi da Palavra de Deus — como integridade, compaixão, justiça e humildade — serviram como um farol que iluminou meu caminho e orientou minhas decisões de negócios.

Acredito que a fé não é apenas uma questão de acreditar em algo; é uma força dinâmica que nos capacita a viver com propósito e significado. Ela nos inspira a sonhar grande, a perseverar diante das adversidades e a buscar o bem maior em tudo o que fazemos.

Na próxima parte, exploraremos como a fé não apenas nos sustenta individualmente, mas também molda a cultura e a visão de nossas empresas, criando espaços onde os valores espirituais e os objetivos comerciais se entrelaçam de maneira significativa.

Experiências de fé nos negócios

Lembro-me de um momento marcante em minha jornada empreendedora, quando minha fé foi testada e fortalecida de maneira extraordinária. Naquela época, já atuava como advogado em Madureira, um bairro pulsante na zona norte do Rio de Janeiro. Embora estivesse imerso em minha prática jurídica, meu coração ansiava por voos mais altos, por alcançar horizontes que pareciam inatingíveis.

Meu sonho era ter um escritório na glamorosa Barra da Tijuca, um lugar que, aos meus olhos, parecia reservado apenas para os mais abastados e poderosos. No entanto, a voz da dúvida ecoava em minha mente, alimentando minhas incertezas e questionando minha capacidade de realizar esse desejo aparentemente impossível.

Foi então que um grande amigo advogado, cuja sabedoria eu admirava profundamente, me confrontou com uma pergunta que ecoou em meu coração: "Como você espera atrair grandes empresários para fechar contratos em seu escritório em Madureira? Eles não irão até lá!" Suas palavras foram como uma epifania, uma chamada para ação que ressoou em minha alma.

Diante desse desafio aparentemente intransponível, decidi depositar minha fé em Deus e buscar Sua orientação. Encontrei paz em meio à incerteza, e a certeza de Sua presença guiando cada passo que eu dava. Mesmo diante das limitações financeiras, senti uma convicção profunda de que era hora de agir, de dar um passo audacioso em direção ao meu sonho.

Lembro-me vividamente de usar cheques pré-datados para comprar móveis e alugar meu primeiro escritório na Barra da Tijuca. Foi um salto de fé, uma aposta ousada no futuro incerto. No entanto, à medida que avançava com determinação e confiança, vi as portas se abrirem de maneiras que jamais poderia ter imaginado.

Em pouco tempo, meu negócio floresceu naquele novo cenário. Fechei contratos importantes, conquistei clientes influentes e vi minha visão ganhar vida diante dos meus olhos maravilhados. Aprendi, na prática, que quando confiamos em Deus e ousamos dar passos de fé, Ele torna o impossível possível e nos conduz à vitória.

Essa experiência, entre muitas outras, que contarei em minha biografia, me ensinou que a fé não é apenas uma crença abstrata; é uma força dinâmica que pode transformar realidades e abrir caminhos onde antes só havia obstáculos. Na próxima parte, exploraremos como a fé não apenas nos capacita a sonhar alto, mas também nos impulsiona a agir com coragem e ousadia em busca de nossos maiores objetivos.

Impacto da fé no sucesso empresarial

Como já compartilhei ao longo deste livro, a jornada do empreendedorismo é repleta de desafios e momentos que testam nossos limites. Mesmo diante do crescimento e sucesso, os boletos continuam a chegar, e os desafios parecem multiplicar-se à medida que avançamos. Inúmeras vezes, me vi diante de situações que pareciam insolúveis, momentos em que o horizonte se obscurecia e a esperança vacilava. No entanto, aprendi que são justamente esses momentos de crise que revelam o verdadeiro caráter das pessoas ao nosso redor.

Deus, em Sua infinita sabedoria, utiliza esses momentos de crise para nos fortalecer e preparar para os próximos desafios que Ele deseja nos conduzir. Cada adversidade, cada obstáculo aparentemente intransponível, é uma oportunidade para crescer em fé e confiança Nele. Lembro-me de tantas vezes em que me senti perdido, sem saída, apenas para testemunhar o agir poderoso de Deus, abrindo portas e revelando soluções que jamais poderiam ter surgido apenas pela força humana.

Os princípios éticos e morais derivados da minha fé têm sido o alicerce sobre o qual construí a cultura e os valores da minha empresa. Longe de ser perfeito, reconheço minhas falhas e fraquezas, mas posso afirmar com convicção que os valores cristãos sempre me acompanharam, guiando minhas decisões e moldando minhas relações com clientes, colaboradores, concorrentes e a comunidade em geral.

Esses valores não apenas abriram portas e oportunidades, mas também me livraram de grandes enrascadas, protegendo-me das armadilhas que tantas vezes se escondem no caminho do sucesso. A graça de Deus, mesmo diante das minhas imperfeições, tem sido meu guia constante, conduzindo-me por caminhos de integridade, justiça e compaixão.

Ao integrar a fé em minha vida empresarial, experimentei não apenas sucesso financeiro, mas também uma profunda satisfação pessoal e um impacto positivo na sociedade que me cerca. Acredito firmemente que os negócios devem ser mais do que meras transações comerciais; devem ser uma expressão viva dos valores e princípios que defendemos. É nesse espaço de integração entre fé e empreendedorismo que encontro significado e propósito duradouro, e é isso que desejo compartilhar com vocês, meus caros leitores, neste capítulo final.

Conclusão

Ao chegarmos ao final desta jornada compartilhada, é impossível não refletir sobre a importância da fé em minha vida e em minha trajetória como empreendedor. Desde o início, minha fé em Cristo Jesus tem sido a bússola que tem guiado meus passos, orientando-me nos momentos de incerteza e fortalecendo-me diante dos desafios que surgem no caminho.

Durante cada capítulo deste livro, procurei transmitir não apenas técnicas e estratégias de negócios, mas também compartilhar os valores e princípios que moldaram minha abordagem empreendedora. A fé não é apenas uma parte da minha vida; é o alicerce sobre o qual construí meus negócios e minhas relações.

Quero incentivar cada um de vocês, meus estimados leitores, a considerarem a dimensão espiritual em suas próprias jornadas. Independentemente de suas crenças, convido-os a refletirem sobre o papel da fé como uma fonte de inspiração, esperança e orientação em meio aos desafios da vida e dos negócios.

Agradeço a cada um de vocês que me acompanhou nesta jornada. Que as palavras compartilhadas neste livro tenham sido fonte de inspiração e encorajamento para enfrentarem seus próprios desafios com coragem e determinação. Lembrem-se sempre: "Tudo posso naquele que me fortalece" (Filipenses 4:13).

Olhando para o futuro, encaro com gratidão e esperança os desafios que estão por vir. Se há algo que aprendi ao longo dos anos, é que a fé é uma fonte inesgotável de força, uma luz que brilha em meio à escuridão, uma âncora segura em meio às tempestades da vida.

Que cada um de nós possa continuar a caminhar com fé, confiantes de que, com Deus ao nosso lado, não há obstáculo que não possamos superar, nem sonho que não possamos alcançar. Que a jornada do empreendedorismo seja permeada pela esperança, pelo amor e pela confiança naquele que nos guia e nos sustenta a cada passo do caminho.

Iniciei este livro contando os medos e incertezas que tive ao decidir me mudar para os EUA, questionando se seria uma decisão acertada, afinal, já tinha uma vida consolidada no Brasil. Recordo-me do peso da decisão que passou pelo futuro da minha filha Manu, que na época tinha apenas 11 anos de idade. 10 anos depois, ao vê-la falar inglês como uma americana, sem sotaques, e tornar-se hoje uma missionária e Realtor[2], com um futuro altamente promissor, posso dizer que valeu a pena! Talvez você tenha lido este livro com os mesmos medos permeando sua mente, e seu desejo de vir para os EUA e iniciar um negócio aqui. Que de alguma forma eu possa ser uma inspiração para você e para sua família.

Em breve, compartilharei contigo na íntegra as diversas experiências que tive em minha biografia "Da Favela para os EUA".

Deus te abençoe! Amém!

---

[2] Na Flórida o corretor de imóveis é chamado "Realtor" e sua função é a de atuar como um agente para a compra e venda de imóveis (residenciais e comerciais), terrenos e locação – Real Estate Agent (um agente imobiliário de bens imóveis). Todo Realtor trabalha sobre o gerenciamento de um broker.

Made in the USA
Columbia, SC
21 March 2024